世界の子どもたち
①

ぼくの、わたしの、世界の学校

マーグリート・ルアーズ／文　アリス・フィーガン／絵　大西 昧／訳

「たとえ、すわる場所がなくて床にすわらなければならないとしても、
わたしはかまいません。学校に行き、教育を受けたいんです。
それがわたしの願いのすべてです。」

― マララ・ユスフザイ
（パキスタン出身の人権運動家。子どもたちが教育を受ける権利を訴えつづけている。
2014年ノーベル平和賞受賞。）

世界の子どもたち ①

ぼくの、わたしの、世界の学校

わたしの人生のすべての先生と生徒たちへ―M.R.
箱の外に目を向けることを教えてくれたカム先生に―A.F.

First published in English under the title: School Days Around the World

Text © 2015 Margriet Ruurs
Illustrations © 2015 Alice Feagan
Published by permission of Kids Can Press Ltd., Toronto, Ontario, Canada.
All rights reserved. No part of this publication may be reproduced, stored in a retrieval system, or transmitted in any form or by any means, electronic, mechanical photocopying, sound recording, or otherwise, without the prior written permission of Suzuki Publishing Co., Ltd.
Japanese translation rights arranged with Kids Can Press Ltd., Ontario through Tuttle-Mori Agency, Inc., Tokyo

世界の子どもたち 1

ぼくの、わたしの、世界の学校
2018年11月1日 初版第1刷発行

訳者／大西 昧
発行者／鈴木雄善
発行所／鈴木出版株式会社
〒113-0021 東京都文京区本駒込6-4-21
電話／03-3945-6611 FAX／03-3945-6616
振替／00110-0-34090
ホームページ http://www.suzuki-syuppan.co.jp/
印刷／株式会社ウイル・コーポレーション

©Suzuki Publishing Co.,Ltd. 2018
ISBN 978-4-7902-3344-2 C8036

Published by Suzuki Publishing Co.,Ltd.
Printed in Japan
NDC380／40p／31.0×23.5cm
乱丁・落丁は送料小社負担でお取り替えいたします

もくじ

ぼくの、わたしの、世界の学校		6
世界地図を見てみよう！		8
トマトアの学校	（クック諸島）	10
ラファエルの学校	（シンガポール共和国）	12
ルーの学校	（中華人民共和国）	14
アリーナの学校	（カザフスタン共和国）	16
マルタの学校	（エチオピア連邦民主共和国）	18
マティの学校	（ケニア共和国）	20
ビルゲの学校	（トルコ共和国）	22
カミラの兄ヨハネスの学校	（ドイツ連邦共和国）	24
アニカの学校	（デンマーク王国）	26
ルシアーノの学校	（ベネズエラ・ボリバル共和国）	28
アナの学校	（ホンジュラス共和国）	30
エイミーとグウェンの学校	（アメリカ合衆国）	32
シャニカの学校	（カナダ）	34
どこだって学校！		36
著者からのメッセージ		38
ふりかえってみよう		39
さくいん		40

ぼくの、わたしの、世界の学校

みなさんの学校は、どんなところですか？
大きな学校ですか？　クラスは何人ですか？
クラスメートには、どんな子がいますか？
先生はどんな人ですか？

世界の各地をめぐって、
学校ってどんなところか、
子どもたちに話を聞かせてもらいましょう。

学校の寮でくらしている子どももいます。
学校までとても長い道のりを歩いて
通っている子どももいます。
送迎バスでべつの町まで通っている子どももいれば、
通学しない子どももいます。

みなさんの学校とは、まるでちがっているかもしれません。
こんな学校があるんだと、びっくりするかもしれません。
でも、どの学校の子どもたちも、友だちといっしょに目を輝かせ、
いろんな知識や知恵を学んでいます。
それはみんな同じです！

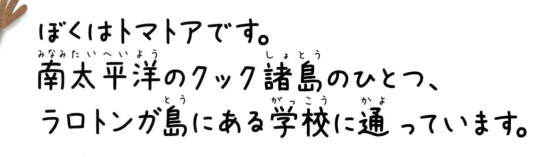

ぼくはトマトアです。
南太平洋のクック諸島のひとつ、
ラロトンガ島にある学校に通っています。

家族が運転するバイクからすべりおりるやいなや、
「パテ」というドラムが響いてきました。
トトトン、タタン、トトトン。学校がはじまります。
ぼくたちは、水が川に流れこむように、校舎のなかに入っていきます。

天井の扇風機が回っていてよかった。
南の島だから、暑いんです。
「キア オラナ（ようこそ）！」と先生。
先生は、いつも髪に花を飾っています。

お昼休みを知らせる「パテ」が打ち鳴らされると、
ぼくたちは、勇ましい戦士になったつもりで、
ビーチへとかけだします。学校を出ると、
もうそこがビーチ。クジラを観察するんです。

お昼ごはんを食べたら、島伝統の踊りを踊ります。
女子は腰を小刻みにゆらし、
男子はひざと腕をふるわせます。
みんなの心も動きもひとつに合わさっていきます。

ぼくはラファエルです。
シンガポール共和国の
インターナショナルスクールに
通っています。

ぼくのクラスの生徒は、15か国から集まっています。
ほとんどの生徒が、数か国語を話します。
ぼくは、オランダ語と英語とスペイン語を話します。
親友のアーマンは、ヒンディー語と中国語と英語を話します。

昼食は食堂へ行って、インド、ヨーロッパ、
中国の料理からえらぶことができます。
ぼくが好きなのは、ゆでためんに、
野菜や肉の具をのせた、「ロウミン」です。

先生はお話を読んでくれたり、
パソコンを使ってお話を書くことを
教えてくれます。
先生は写真を撮るのが趣味で、ぼくもです。
ぼくの先生は、世界一なんです！

学校でいちばん好きな場所は、図書室です。
ありとあらゆる本がそろっています。
借りて帰って、家で読むこともできます。

ぼくたちは、ときどき、
手づくり品のバザーを開きます。
売り上げ金で、世界のほかの地域の
こまっている子どもたちを
応援できるんです。

ぼくはルーです。中華人民共和国、
上海の公立学校に通っています。

上海市は大都市です。人があふれています。
上海市は、日本の大分県くらい広いので、
地元の小学校といっても、通学には車で30分かかります。

学校も大きくて、全校生徒の数は、
2000人以上なんです！
いつもにぎやかです。
ぼくのクラスは43人。中国語、英語、算数に音楽など、
ぼくたちは毎日、8時限8科目も勉強します。
ぼくがいちばん好きなのは、体育です。

たまにコンピュータルームに行って、
ゲームをすることもあります！
ひとつの科目が終わってつぎの科目がはじまるとき、
ベルは鳴りません。
かわりに、校内放送でクラシック音楽が流れます。

ぼくは、「イー マァオ チウ（バドミントン）」が
うまくなりたくて、放課後に練習しています。
健康にもいいし、体力もつくと思います。

わたしはアリーナです。
カザフスタン共和国の南部の都市、タラズにある学校に通っています。

わたしの教室は、校舎の3階にあります。
たくさんの階段をのぼるから、教室に入るときには、
いつも息が切れてしまいます。きょうは、わたしが、
教室の窓の花に水をあげる当番です。

先生が教室に入ってくると、
わたしたちは教科書をパッと広げます。
いちばん好きな科目は、「読み方」です。
わたしは、カザフスタンの子ども雑誌
『クールマシュ』が大好きです。

学校は12時30分に終わります。
おばあちゃんが、事務室のそばの
ベンチで待っていてくれました。
「学校はどうだった？」と、おばあちゃんが聞き、
「おもしろかったよ」と、わたしは答えました。
それから、市場へ向かいました。
ずっとなわとびをしていきました。

市場では、オレンジとジャガイモと、あつつあつの「バウルサク」を買いました。
「バウルサク」というのは、ドーナツに似た焼き菓子で、
カザフスタンの人はみんな大好きなんです！
帰ったら、お茶をいれて、
食べようと思いました。

わたしはマルタです。
エチオピア連邦民主共和国北部にある、
アゼゾの学校に通っています。

わたしは、ほこりっぽい道を歩いて
学校へ通っています。友だちのアヤナといっしょです。
朝早いのに、太陽はもう背中に照りつけています。
わたしは目が不自由です。
でも、友だちの手をしっかりにぎっているから、だいじょうぶです。
アヤナは、道のくぼみや牛のフンをよけ、わたしをじょうずに連れていってくれます。

クラスはぜんぶで70人。全校生徒は500人です。
でも、この学校に通っている生徒の数は、
じつは、もっと多いんです。
わたしたちが学校で勉強できるのは、お昼までです。
午後になると、500人の、べつの言葉で学ぶ生徒たちが登校してきて勉強します。

わたしたちが学校で使っている言葉は、
アムハラ語ですが、いつか英語を習いたいです。
わたしたちは、エチオピアのことをぜんぶ学びます。
先生は、声に出しながら板書をしてくれます。
ひとことも聞きのがしません。
黒板やノートは見えなくたって、ぜんぶ、心と頭に書きとめます。

お昼になると、アヤナとわたしは家へと急ぎます。
牛にえさをあげたり、村の井戸から水を運んできたり、
家の仕事の手伝いをするからです。

ぼくはマティです。ケニア共和国南部の小さな町、
キキマにある学校に通っています。

ぼくはたくさんの友だちといっしょに、
児童養護施設でくらしています。
両親が死んでしまったからです。

太陽が顔を出しはじめたら、ぼくは学校に飛んでいきます。
まだだれも来ていません。ぼくは、床そうじをしたりします。
生徒や先生が登校すると、「ンボヤ（お祈り）」と、
朝礼のため、国旗の前に全員集合します。

ぼくらはカンバ族です。
授業もカンバ族の言葉、カンバ語で習っています。
学校の本は、寄付してもらいました。ぼくは、いろんな国の
動物や人がのっているイラスト入りの本が大好きです。
夢はパイロットになることです。そのときには、たとえ遠くても、
本で読んだ場所まで行ってみるつもりです！

学校から帰ったら、制服をぬいでふだん着に着替え、
そうじやかたづけなど、なんでも手伝います。
ここでは、ごはんを食べるのも、部屋も、
ぜんぶ友だちといっしょです。宿題をして、
きょう一日のことをみんなでおしゃべりしているうちに、
ひとりふたりとしずかになって、
いつのまにかぼくたちは眠ります。

ぼくはビルゲです。トルコ共和国、
アラタルラにある学校に通っています。

学校がべつの町にあるので、
ぼくは学校の「オクル タシェティ（送迎バス）」で
通学しています。
50以上の村から、子どもたちが、
ぼくと同じようにして、登校してきます。

学校に着くと、ぼくたちは国旗をあげ、朝礼をして、
それから教室に行きます。
学校には、理科室やコンピュータルームがあります。
ぼくの好きな科目は、算数です。

昼ごはんは広い食堂に行って食べます。
食べ終わったら、外に飛び出します。サッカーをするんです。

わたしはヨハネスの妹カミラです。
お兄ちゃんは、ドイツ連邦共和国の全寮制の学校で学んでいます。

きょうは、お兄ちゃんの学校の、家族訪問日です。
その学校は、家からうんと遠くにあるので、お兄ちゃんは、学校のある間はずっと寮でくらしています。
わたし、お兄ちゃんの学校へ行くのをとても楽しみにしてるんです。

お兄ちゃんの学校は、一部が、古い「シュロス（お城）」だったんですよ。
寮では、ひとつの部屋を4人の生徒で使います。
ごはんは、食堂で先生やみんなといっしょに食べます。食べ終わったら、家にいるときと同じように、テーブルをきれいにかたづけなくてはいけません。

お兄ちゃんたちは、自然や科学について学びます。
船の操縦も習います。
お兄ちゃんは、白い帆をはった小さなヨットを見せてくれました。
わたしも、この学校で船のあやつり方を習って、
湖を走らせてみたい。
その日が待ちきれません。

ヨハネスお兄ちゃんは学校生活が気にいっています。
友だちもたくさんいます。
だけど、さびしくなるときもあるんじゃないかな。
家やわたしのことも、きっと恋しいなって思うときがあると思うんです。

わたしはアニカです。
デンマーク王国の首都、
コペンハーゲンの学校に通っています。

わたしの通っている学校は、ふたつあるみたいな感じなんです。
町の学校と、森の学校です。
町の学校では、床にすわって輪になって、いろんなことを話し合い、考えます。
曲を作ったり、合奏したり、歌ったりもします。
昼ごはんは、ハムなどをのせたライ麦パンです。

何日かは、スクールバスに乗って、森の学校に行きます。
着いたらすぐバスを飛び出し、
地面に置かれた古いボートに乗りこむんです。
ブランコやボール遊びもします。

わたしたちは、ほとんどずっと外で、いろんなことを経験します。
鳥たちの声に耳をすましたり、植物や昆虫について学んだり。
冬だって、もちろん外です。デンマーク語で「フリューワ ドゥラクター」という、
飛行服みたいなスノースーツを着て、帽子をかぶると暖かいんです。

ぼくはルシアーノです。
ベネズエラ・ボリバル共和国の西部、
メリダにある学校に通っています。

ぼくの父さんは、タクシーの運転手をしています。
父さんが学校まで乗せていってくれる、ラッキーな日もあります。

始業のベルが8時30分に鳴り、
ぼくたちは、先生にあいさつします。
「ブエノス ディアス
（おはようございます）、先生」
教室は明るい緑色で、
かべにはポスターがはってあります。
先生は、きれいな色は勉強の集中力を高める、といいます。

好きな科目は音楽です。
ぼく、バイオリンを習ってるんです！
夢は、大オーケストラで
演奏することです。

学校は、12時30分に終わります。
ぼくは、町のにぎやかな道を歩いて帰り、
家に着いたら、宿題をすませて家の手伝いをします。
でも、そのあと、友だちとサッカーをする時間もあります。

わたしはアナです。
ホンジュラス共和国の西部、
サンタ・バルバラ県サン・ルイスの
学校に通っています。

学校まで、山道を1時間歩きます。
でも、ぜんぜんかまいません。
学校ができたんですから！

学校を建てるときは、「パドレ（お父さん）」も手伝いました。
わたしの村からも、もっと遠くからも、みんなが手伝いに来ました。
トタン屋根で、レンガづくりの、りっぱな校舎です。
雨の日は、屋根をたたく雨音が、
すごくにぎやかなんですよ！

先生がふたりいて、
読み方や書き方を教えてくれます。
わたしは、お話を書くのと絵が好き。
まだ小さくて学校に通っていない弟に、
絵を描いてあげます。

ときどき、看護師さんが学校に来てくれて、歯のみがき方や、
病気の予防について教えてくれます。
バックパックをたくさん積んだ車が来ることもあります。
わたしたちは、みんなバックパックをもらいます。なかには本や学用品が
いっぱいです。ランニング・シューズが入っていることもあります！

わたしはエイミーです。妹はグウェンといいます。アメリカ合衆国アラスカ州で、ホームスクーリング（在宅教育）で学んでいます。

わたしたちは、通学しない学校で学んでいます。
この世界のどこだって、教室になります。
学校は、目がさめたときにはじまります。
眠りにつくときが、学校の終わりです。
同じ日なんて、一日もありません。
車のなかで算数を勉強して、
海で潮だまりを観察したり、
読書はベッドでしたりします。

家は、図書室でもあるし、ごちゃごちゃした展覧会場にもなります。

現場学習にも出かけます。
先週は、魚つりに行って、
オヒョウというすごく大きなカレイをつかまえるのを手伝いました。
ミンククジラも目撃しました。わたしたちは、家に帰って、クジラについて調べました。

冬でも、ハイキングやキャンプに出かけて学びます。
家にいるときは、気持ちのいいだんろの火のそばで、
「ロングハウス」の模型や、トウモロコシの皮で
「コーンハスクドール」を作ったりもします。

わたしはシャニカです。
カナダのアルバータ州にある、
ファースト・ネーションズ・スクールに通っています。

ファースト・ネーションズ・スクールとは、
大まかにいって、先住民族の子どもたちが通う学校のことです。
朝、わたしは、お母さんかお父さんといっしょに、
保留地を横切って、学校へ行きます。
わたしたちは、「ピンクの学校」と
呼んでいます。
どうしてか、わかりますよね。

学校では、最初に朝ごはんを食べます。
それから、算数と国語を勉強します。
わたしたちの伝統の言葉も習います。
わたしたちはクリー族、祖先が使ってきた言葉は
クリー語って呼ばれています。
わたしたちは全員、
タブレットコンピュータをもらっていて、
勉強するときに使います。

わたしは友だちといっしょに、学校でお昼を食べます。
たいてい、マメとチーズをのせたパンです。
「バノック・タコス」って呼んでいます。

お昼ごはんのあと、アニタおばあちゃんが来て、
お話をいろいろ語り聞かせてくれることもあります。
ほかのおじいちゃんやおばあちゃんたちもやってきます。
「パウワウ」の踊りや、ドラムの鳴らし方や、
テントの建て方など、わたしたちの伝統を伝えてくれるんです。
おじいちゃんやおばあちゃんたちは、わたしたちのために祈り、
お茶、スープ、「バノック」やベリーなどをみんなで分け合って食べます。

どこだって学校！

世界じゅう、どこの学校も、
それぞれ特色があります。
生徒や先生もさまざまです。

みなさんは、カザフスタンのアリーナさんのように、
好きな雑誌や本がありますか？
クック諸島のトマトアくんやカナダのシャニカさんのように、
学校で自分たちの伝統の踊りを習うことはありますか？

シンガポールのラファエルくんと
友だちが企画する
手づくり品のバザーのように、
世界のほかの地域に関心をもち、
だれかを支援したりしていますか？

子どもには教育を受ける権利があります。
たし算や引き算、文字の書き方を
習うことも大切ですが、学校ではほかにも
学ぶことがあります。世界じゅうで、
どんな子どもたちが、どんな家に住み、何を食べ、
何を大切にして、一日をすごしているのか、
ちがいと共通点を理解し、たがいに学び合いましょう。

わたしたちはみんな、
地球という学校に通っているのです！

著者からのメッセージ

この本に出てくる学校は、すべて実在します。もちろん、登場した子どもたちもです。子どもたちが語ってくれたことを、そのまま書きました。先生、家族のみなさんの理解と協力も得て、子どもたちは学校生活について、希望や将来の夢、経験したことなどをわたしに話してくれたのです。

みんなが学校に行けるように

ここに登場した子どもたちにはみな学校がありましたが、世界には、教育を受けられない子どもたちもいます。教えてくれる先生がいない、学校がない、あっても遠くて通えない、制服や教科書を用意するお金が家にないといった理由のためです。教育は、貧困を乗り越える大きな力にもなります。すべての子どもたちが、学校に通えるよう、支援するカナダの活動を紹介しましょう。

○カナダの児童文学作家、エリック・ウォルターズ氏とその家族は、「クリエーション・オブ・ホープ（希望の創生）」という、ケニアの子どもたちを支援する団体を設立しています。この団体の助力により、マティくん（20ページ）は、児童養護施設で生活し学校に通えるようになりました。さらに多くの子どもたちを支援するために、みなさんも寄付などをすることができます。
ホームページ（英語）
https://creationofhope.com/

○アナさん（30ページ）は、新しく建てられた学校に通っています。この学校の建設には、国際ロータリー（Rotary International）が助力しています。みなさんの住む地域でロータリークラブを見たら、子どもたちや学校のためにどんな活動をしているのか、参加するにはどうすればよいか、聞いてみましょう。
ホームページ（日本語）
https://www.rotary.org/ja/

○音楽のレッスンを受けていて、音楽家になるという夢をもつルシアーノくん（28ページ）は、エル・システマという青少年音楽教育プログラムに参加しています。これは、ベネズエラではじまった世界的な組織で、音楽教育を通して、子どもたちが貧困を克服し、豊かな人生を歩めるようにする活動をつづけています。オーケストラもあります。ベネズエラで、このシステムに参加している最貧困家庭の子どもたちは30万人以上です。エル・システマの活動は、みなさんもサポートすることができます。
ホームページ（日本語）
http://www.elsistemajapan.org/worldwide

○学校や図書館を作ったり、基金を設けたり、世界の子どもたちのために教育を支援している団体は、このほかにもたくさんあります。

•ルーム・トゥ・リード（Room to Read）
ホームーページ（日本語）
http://japan.roomtoread.org/

•コード（CODE）
ホームページ（英語）
https://code.ngo/

ふりかえってみよう

カナダの
シャニカさんは、
なんという踊りを
習っていますか？

ケニア共和国のマティくんは、
どんな本が好きですか？

ホンジュラス共和国の
アナさんは、
学校まで
どれくらい歩きますか？

ベネズエラ・
ボリバル共和国の
ルシアーノくんは、
どんな楽器を
習っていますか？

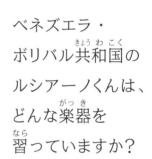

シンガポール共和国のラファエルくんたちは、
世界のほかの地域の子どもたちを
応援するために何をしますか？

デンマーク王国のアニカさんは、
森の学校で何をしますか？

さくいん

アナ	8,30,38,39	国旗（こっき）	20,22	なわとび	16
アニカ	9,26,39	ごはん	11,21,23,24,26,34,35	ノート	19
アメリカ合衆国（がっしゅうこく）	8,32	コンピュータルーム	15,22	バイオリン	29
アリーナ	9,16,36	サッカー	23,29	ハイキング	33
インターナショナルスクール	12	算数（さんすう）	14,22,32,34	バイク	10
英語（えいご）	12,14,19	児童養護施設（じどうようごしせつ）	20,38	バザー	13,36
エイミー	8,32	シャニカ	8,34,36,39	パソコン	12
エチオピア連邦民主共和国（れんぽうみんしゅきょうわこく）	9,18	宿題（しゅくだい）	21,29	バックパック	31
応援（おうえん）	13,39	食堂（しょくどう）	12,23,24	バドミントン	15
踊り（おどり）	11,35,36,39	シンガポール共和国（きょうわこく）	9,12,36,39	ビルゲ	9,22
音楽（おんがく）	14,15,29,38	スクールバス	27	ファースト・ネーションズ・スクール	34
書き方（かきかた）	31,37	生徒（せいと）	12,14,18,20,24,36	ベネズエラ・ボリバル共和国（きょうわこく）	
学用品（がくようひん）	31	制服（せいふく）	21,38		8,28,38,39
カザフスタン共和国（きょうわこく）	9,16,17,36	先生（せんせい）	6,10,12,16,19,20,24,28,31,36,38	ホームスクーリング	32
家族（かぞく）	10,38	送迎バス（そうげい）	7,22	本（ほん）	13,21,31,36,38,39
家族訪問日（かぞくほうもんび）	24	体育（たいいく）	14	ホンジュラス共和国（きょうわこく）	8,30,39
合奏（がっそう）	26	中華人民共和国（ちゅうかじんみんきょうわこく）	9,14	マティ	9,20,38,39
カナダ	8,34,36,38,39	朝礼（ちょうれい）	20,22	マルタ	9,18
カミラ	24	手伝い（てつだい）	19,21,29,30	夢（ゆめ）	21,29,38
キャンプ	33	伝統（でんとう）	11,34,35,36	ヨハネス	9,24,25
教科書（きょうかしょ）	16,38	デンマーク王国（おうこく）	9,26,39	読み方（よみかた）	16,31
グウェン	8,32	ドイツ連邦共和国（れんぽうきょうわこく）	9,24	ラファエル	9,12,36,39
クック諸島（しょとう）	8,10,36	読書（どくしょ）	32	ランニング・シューズ	31
ケニア共和国（きょうわこく）	9,20,38,39	図書室（としょしつ）	13,33	理科室（りかしつ）	22
現場学習（げんばがくしゅう）	33	トマトア	8,10,36	寮（りょう）	7,24
校内放送（こうないほうそう）	15	友だち（とも）	7,18,20,21,25,29,35,36	ルー	9,14
国語（こくご）	34	ドラム	10,35	ルシアーノ	8,28,38,39
黒板（こくばん）	19	トルコ共和国（きょうわこく）	9,22		

マーグリート・ルアーズ　Margriet Ruurs
児童文学作家。教育者。カナダのサイモン・フレーザー大学で教育学修士号を取得。著書は35冊以上にのぼる。カナダ、ブリティッシュ・コロンビア州のソルト・スプリング島で、「Between The Covers（次の本までの間）」という、本を愛する人たちのための宿泊施設を運営している。邦訳されている作品に『石たちの声がきこえる』（新日本出版社）などがある。

アリス・フィーガン　Alice Feagan
イラストレーター。カットペーパー・コラージュにデジタル加工を加えて作品を制作。アメリカ合衆国、コロラド州、エドワーズの山のなかで、ラブラドールレトリーバー（名前はレディ）、パグ（名前はホメロス）と夫と暮らしている。作品は、生まれ育ったノースカロライナ州に息づく先住民族のアートに強く影響されたという。

大西　眛（おおにし　まい）
愛媛県生まれ。翻訳家。東京外国語大学卒業。出版社で長年児童書の編集に携わった後、翻訳家に。翻訳作品に『ぼくはO・C・ダニエル』（鈴木出版）がある。

日本語版デザイン・DTP／坂上　大

> ※外国語の発音をカタカナで正確に表記することはできません。
> できるだけ近い音になるように表記しました。